HENRI BRUN

LA RENAISSANCE LITTÉRAIRE

DANS LES

PROVINCES DU CENTRE

PARTICULIÈREMENT EN BERRY

Conférence donnée à *PARIS, au Cercle du Luxembourg*
Le 15 Mars 1912
Précédée d'une Lettre
De M. Maurice BARRÈS
DE L'ACADÉMIE FRANÇAISE
Et d'une Préface
De M. Charles-BRUN,
DÉLÉGUÉ GÉNÉRAL DE LA FÉDÉRATION RÉGIONALISTE FRANÇAISE
AGRÉGÉ DE L'UNIVERSITÉ
PROFESSEUR AU COLLÈGE DES SCIENCES SOCIALES

NEVERS
T. ROPITEAU, LIBRAIRE-ÉDITEUR
13, Place Guy-Coquille, 13

1913

Z
BARRES
17087

à Monsieur Maurice Barrès

En témoignage de très-profond reconnaissance

Henri B...

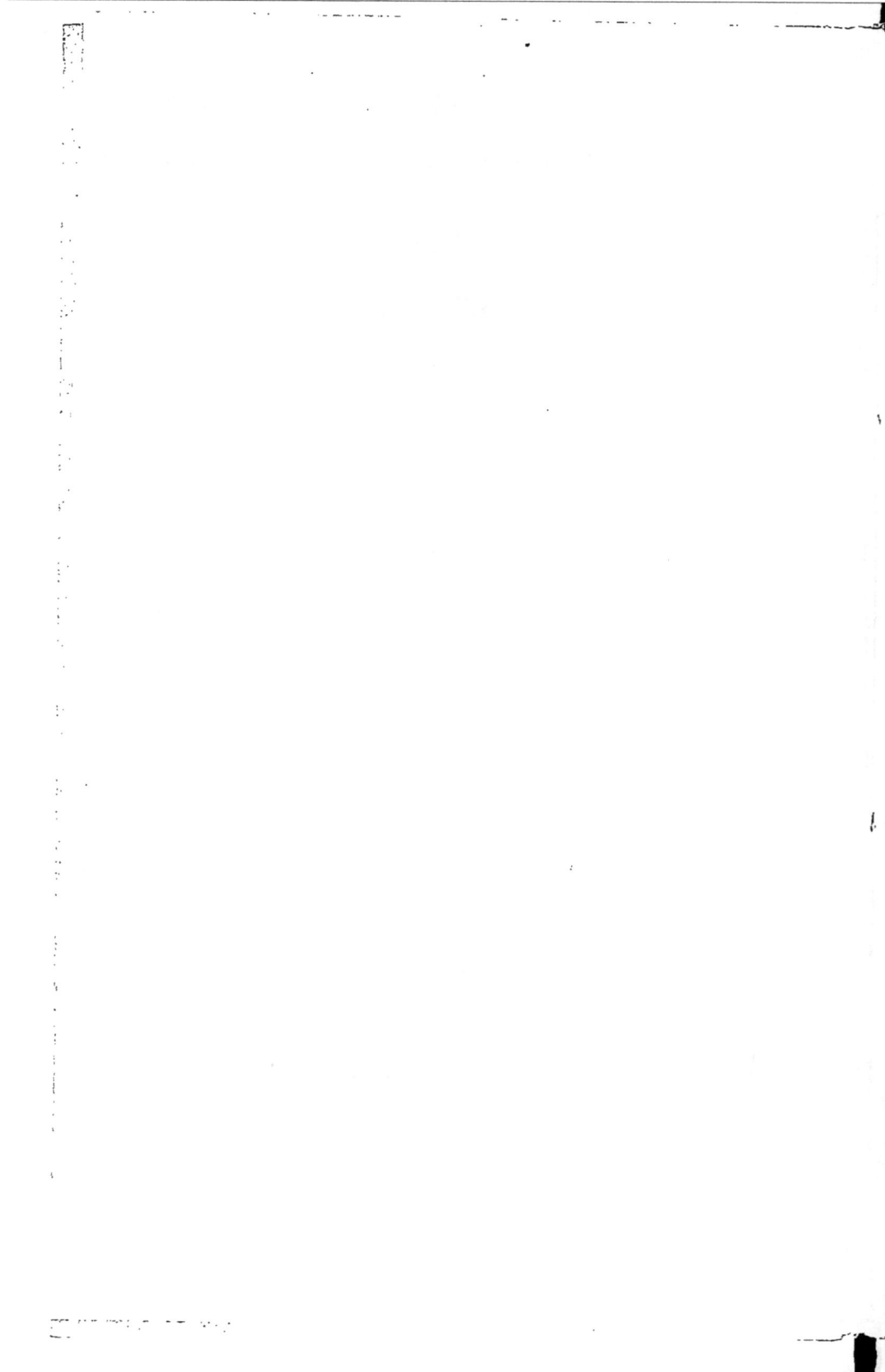

LA RENAISSANCE LITTÉRAIRE

DANS LES PROVINCES DU CENTRE

PARTICULIÈREMENT EN BERRY

DU MÊME AUTEUR :

Pourquoi l'harmonie n'existe pas dans le mariage (sous le pseudonyme de GUY DES RONCIÈRES). — Un vol. de 150 pages.

Les récents troubles agraires et la crise agricole. — Une broch. de 66 p.

La décadence de l'atelier agricole. — Une broch. de 32 p.

Le devoir présent des catholiques. — Un vol. de 152 p.

En marge de la vie politique, religieuse et sociale de notre pays. — Un vol. de 340 p. environ (sous presse) chez BLOUD

HENRI BRUN

LA RENAISSANCE LITTÉRAIRE

DANS LES

PROVINCES DU CENTRE

PARTICULIÈREMENT EN BERRY

Conférence donnée à PARIS, au Cercle du Luxembourg
Le 15 Mars 1912
Précédée d'une Lettre
De M. Maurice BARRÈS
DE L'ACADÉMIE FRANÇAISE
Et d'une Préface
De M. Charles-BRUN,
DÉLÉGUÉ GÉNÉRAL DE LA FÉDÉRATION RÉGIONALISTE FRANÇAISE
AGRÉGÉ DE L'UNIVERSITÉ
PROFESSEUR AU COLLÈGE DES SCIENCES SOCIALES

NEVERS
TH. ROPITEAU, LIBRAIRE-ÉDITEUR
13, Place Guy-Coquille, 13

1913

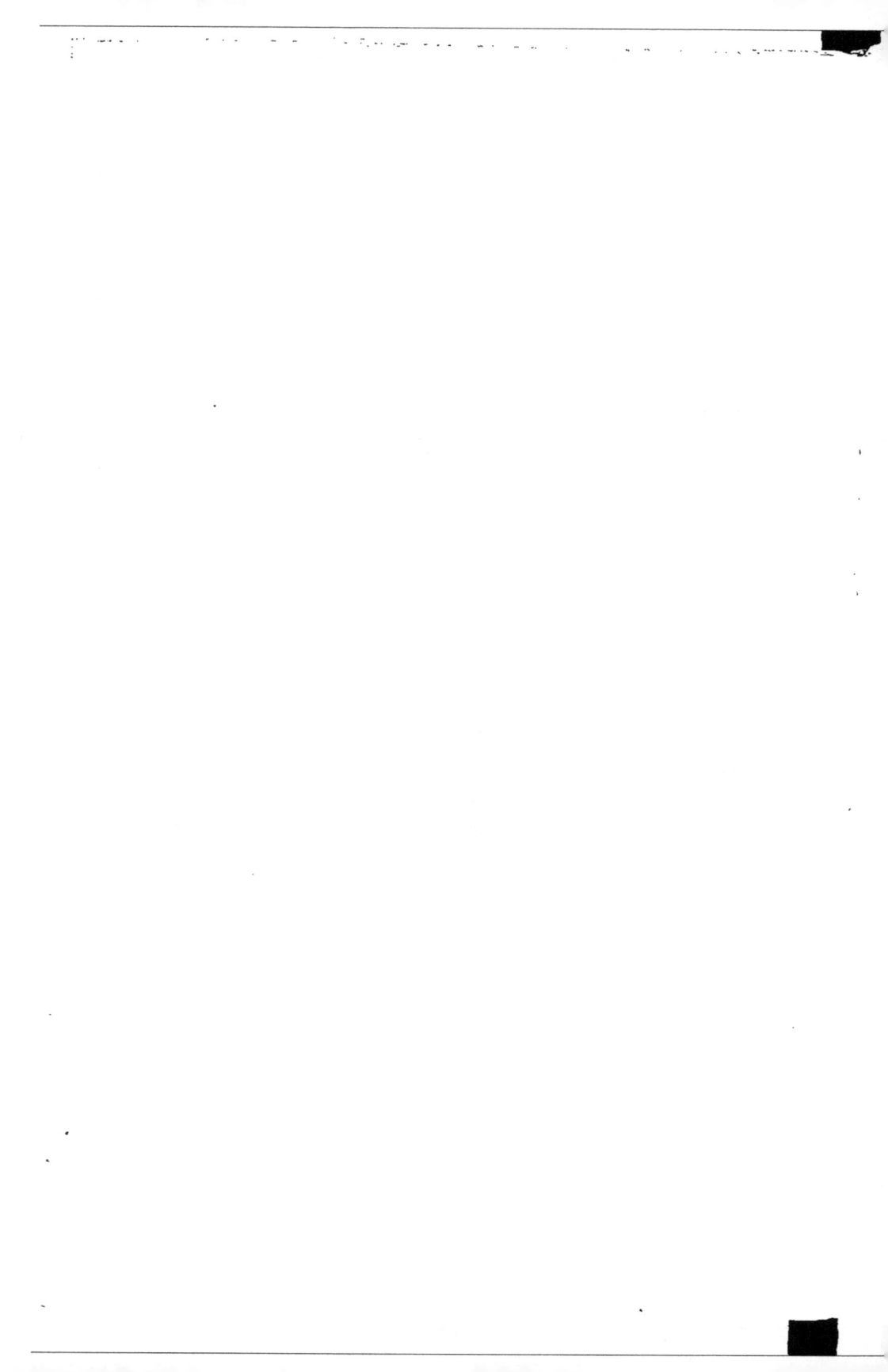

LETTRE

de

M. Maurice BARRÈS

DE L'ACADÉMIE FRANÇAISE

CHAMBRE
DES DÉPUTÉS
—:—

Paris, le   191 .

Cher Monsieur Henri Brun,

J'ai lu votre Conférence avec un bien vif intérêt. Cette renaissance littéraire dans nos provinces du Centre ne date pas d'hier. On peut même assurer que ce sont vos provinces qui ont créé en France la littérature régionale. C'est un écrivain de chez eux, une Berrichonne, George Sand, qui a donné à cette littérature ses premiers et ses plus beaux chefs-d'œuvre. On voit à Gargilesse la maison où Sand est venue travailler pendant une si longue suite d'étés. C'est, à la lettre, une maison de paysan. L'Académie française y a fait poser récemment une plaque de marbre commémorative. Sur cette plaque ne pourrait-on pas écrire : « Ici est née la littérature provinciale. » Si j'avais un reproche à faire à votre bel essai, ce serait de n'avoir pas proclamé assez haut la juste gloire des provinces initiatrices qui, légitimement, revient à votre Berry et à vos maîtres limousins.

Recevez, mon cher Confrère, ma cordiale poignée de main.

Maurice BARRÈS.

14 Mai 1912.

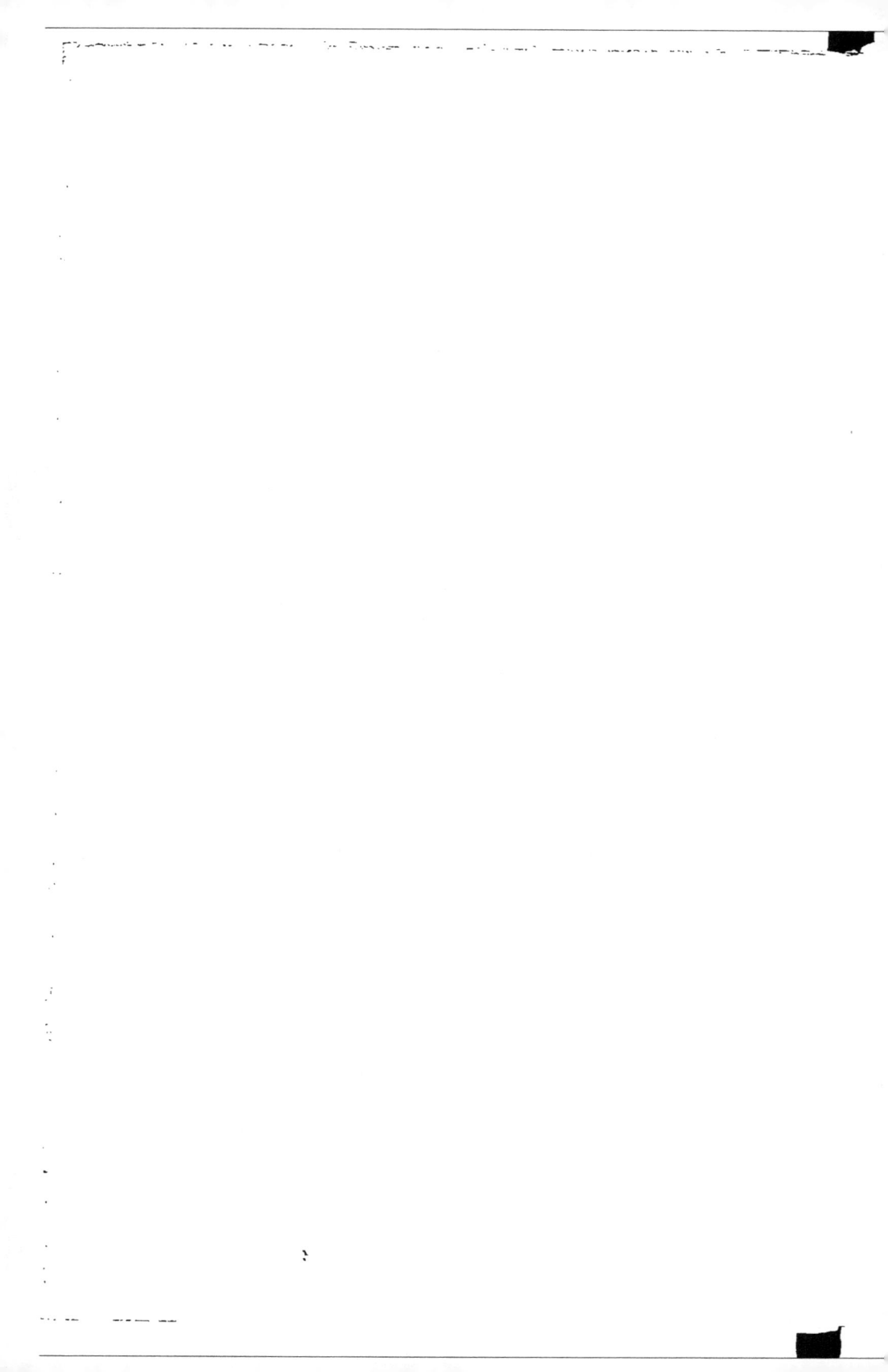

PRÉFACE

de M. Charles-BRUN

DÉLÉGUÉ DE LA FÉDÉRATION RÉGIONALISTE FRANÇAISE
AGRÉGÉ DE L'UNIVERSITÉ

Je ne voudrais point inscrire un éloge banal en tête de cette étude. Ce n'est pas ce que désirait obtenir l'auteur, lorsqu'il a fort aimablement sollicité de moi une préface. Ce n'est pas, non plus, ce qu'exigent les pages qui suivent : elles sont tout ensemble, agréables et fortes : le lecteur s'en apercevrait aisément sans moi. Bien plutôt, M. Henri Brun s'est souvenu, en cette occasion, de notre longue amitié et de nos luttes communes. Il veut que nous collaborions une fois de plus, que je traite, d'un point de vue général, la question qu'il a traitée pour les provinces du Centre et, plus spécialement, pour le Berry. Sa conférence illustre, si je puis dire, et de la façon la plus heureuse, une thèse que j'ai soutenue dans un petit livre d'ailleurs un peu alourdi de méthode, consacré aux *Littératures provinciales* et en maint autre endroit. Elle me permet de redire ce que je crois, très profondément être la vérité.

*
* *

Que nous le voulions ou non, en effet, notre position est prise. On ne pourra plus écrire l'histoire de ce temps sans faire sa part au mouvement régionaliste français, que, du reste, on le nomme fédéraliste, autonomiste ou provincialiste, il n'importe. On ne pourra pas davantage aborder le problème organique de la vie de notre nation sans tenir compte de la donnée régionaliste. Ne préformons pas l'avenir : rien de plus contraire au réalisme foncier de notre doctrine. Mais, pour cela même que nous sommes des réalistes, nous sommes bien autorisés à dire : le régionalisme est un fait, un fait si gros de conséquences qu'un bon observateur étranger, et bien placé (1). y voyait naguère le

(1) M. de San-Martino cf. *Le Temps*, 3 janvier 1911.

— 12 —

fait le plus digne de remarque dans la France de ce siècle. Or nous avons pris parti, j'y reviens : nous estimons ce fait heureux, et le régionalisme, une doctrine salutaire. Et, tout de même, en matière de littérature et d'art, nous constatons le fait de la renaissance des provinces. Constatation satisfaisante pour nous : comme nous ne séparons pas ce qui doit être indissolublement uni, que la littérature et l'art sont en fonction de la vie nationale, nous estimons l'inspiration de terroir indispensable à la fraîcheur et à la santé de notre esthétique. Verhaeren disait récemment (1) : « ... chaque fois que l'art d'un pays s'affaiblit et vacille, c'est dans ses origines qu'il se doit raffermir. » Nous pensons que le parisianisme a gâté notre art, et qu'il faut à nos poètes, à nos romanciers, à nos sculpteurs et à nos peintres, une cure de grand air. Du reste, nous ne pouvons nous tromper : mais enfin il faut bien nous prendre tels que nous sommes.

*
* *

Tels que nous sommes. C'est pour le bien voir que des études précises pareilles à celles que l'on va lire, sont dans la plus pressante nécessité. On a beaucoup parlé de régionalisme esthétique, et l'on nous en a même un peu rabattu les oreilles. Mais on en a, disons le franchement, beaucoup parlé à tort et à travers. Les confusions ont abondé, chez ses partisans aussi bien que chez ses adversaires. N'est pas poète berrichon tout poète né en Berry. On naît où l'on peut : on naît toujours quelque part. Classés, comme dans certaines anthologies, les poètes d'après leur lieu de naissance, voilà ce qui expose aux plus fâcheuses méprises. M. Henri Brun a très bien vu ce point, et que le milieu, l'hérédité, l'éducation, les impressions premières, ont une tout autre valeur. C'est l'évidence même. N'est pas poète berrichon tout poète, fut-il né en Berry, qui chante le Berry. N'est pas romancier berrichon tout roman dont l'action se déroule en Berry. Un roman, aussi, se passe toujours quelque part. Voilà écartées les déclamations sans personnalité, les descriptions à la grosse. Mais le régionalisme littéraire

(1) Réponse à une enquête de l'*Intransigeant*, juillet 1912.

doit s'entendre — et j'en dirai autant du régionalisme artistique — du fait de traduire une sensibilité propre ou suivant l'excellente formule de Barrès à laquelle notre auteur a raison de se ranger, « une nuance d'âme particulière ». Qui ne voit que la théorie, ainsi établie dans ses principes fondamentaux, doit être appuyée sur de solides monographies, du genre de celle qu'a établie M. Henri Brun ? Quelle contribution à la sensibilité de l'artiste fournissant la race, l'histoire, le ciel, le climat, la nature du Berry ; comment les régionalistes berrichons ont utilisé ces éléments, et dans quelles proportions ; et que c'est dans ces proportions mêmes que leurs œuvres ont une valeur, il fallait le rechercher et le dire, pour sortir des banalités courantes et des décevantes approximations.

Nous ne croyons pas nous tromper : nous pouvons cependant nous tromper, disai-je. Voyons donc la contre-épreuve. Quand ils échappent à la discipline régionaliste, les écrivains que M. Henri Brun a étudiés se montrent-ils supérieurs à eux mêmes ? ou est-ce l'inverse ? Cette discipline est-elle, comme nous le pensons, un adjuvant précieux ou une gène intolérable ? L'œuvre de George Sand apparaît immense et diverse. N'est-il pas vrai que la postérité, qui commence pour elle, a déjà fait son choix et préféré sa manière rustique, *François la Champi, La Mare au Diable, La Petite Fadette*? Que reste-t-il déjà de Rollinat sinon les chants de son pays ? M. Gabriel Nigond a du tour, de la facilité, il réussit quand il écrit pour les théâtres des boulevards ou pour la Comédie Française. N'a-t-il pas mis le meilleur de lui même dans les *Contes de la Limousine*? N'est-ce pas là que nous le cherchons ? De même nous avons des vers français de Mistral jeune : sans doute, rien de ce qu'il eût donné n'eût été indifférent, et il aurait fait un parnassien fort estimable. Quelle trace eût-il laissée? et qu'elle influence exercée, comparables à celle de *Miréio* ?

*
* *

On ne peut faire une pareille expérience quand il sagit d'un Lapaire ou d'un Baffier, strictement attachés à leur sol natal. Que serait-il advenu d'eux, s'ils lui avaient été infidèles? Et, vraiment le régionalisme risque-t-il de rétrécir l'horizon et d'enlever à l'œuvre toute partie générale ? On ne s'en aperçoit guère en lisant *Le Courandier*, en voyant la *Cheminée* ou le *Surtout de table !* Finissons-en avec cette opposition vraiment pénible. Sans doute, le régionalisme a ses périls : il peut devenir une formule, un procédé. Il peut incliner, M. Henri Brun l'a marqué avec précision, à un réalisme un peu menu, à un pessimisme décourageant. Et vraiment nous admettons que tous les régionalistes n'ont pas du génie. Le contraire serait pour surprendre ! Mais qu'ils aient du talent, et l'inspiration de terroir les garantira de l'affecté et du métier de bazar, à quoi va l'art contemporain, si nous n'y prenons garde. Qu'ils aient du génie, ils sauront « promouvoir à l'universel les caractères particuliers de leur région (1) » Un Rabelais, un Ronsard le firent ; un Mistral le fait de nos jours. Les manières de sentir régionales sont pour un esprit cultivé, des éléments qu'utilisent la discipline française. Comme notre langue s'appauvrit ou, ce qui revient au même, s'enrichit de façon désordonnée et déplorable, depuis qu'elle ne reçoit plus les apports des dialectes, la discipline française fléchit depuis qu'elle n'organise plus les éléments régionaux. Je me trompe : cela n'est plus vrai qu'au passé. Notre renaissance contemporaine française concorde exactement avec la renaissance régionaliste.

En voilà assez pour faire voir comment le régionalisme esthétique, tel que l'entend M. Henri Brun, — car je ne crois pas avoir trahi sa pensée, — est aussi éloigné des clichés usuels que du particularisme radicalement étroit où trop de critiques le veulent confiner. Il pose les problèmes les plus graves. Il mérite l'attention, si on lui refuse la sympathie. Il demande des contributions sérieuses, méthodiques, objectives. Je ne crois pas trop m'avancer en disant que l'étude qui suit en est une.

CHARLES-BRUN.

(1) P. du Colombier. *Revue critique des Idées et des Livres,* 25 avril 1912.

LA

RENAISSANCE LITTÉRAIRE
DANS LES PROVINCES DU CENTRE
Particulièrement en Berry

Mesdames, Messieurs,

A celui, qui nous pressait de son affection déjà ancienne pour nous faire donner une conférence dans cette maison, où les souvenirs de jeunesse nous étreignent à chaque regard, nous avons indiqué comme titre de la causerie sollicitée : *Renaissance littéraire dans les provinces du Centre.*

L'accouplement de ces deux mots, renaissance littéraire et provinces du Centre, précise la nature de notre travail et restreint les limites de nos recherches.

Il n'est donc pas dans notre dessein de faire l'école buissonnière, à propos et à l'occasion, de tous ceux qui, dans nos régions, du Bourbonnais, du Berry et du Nivernais, se sont crus, légitimement ou non, appelés à l'honneur de tenir une plume !

Le fait même tout d'abord de parler de renaissance littéraire, au 15 mars de l'année 1912, prouve que, délibérément, sinon de gaîté de cœur, nous nous proposons de laisser dans l'ombre, tout ce qui n'appartient pas à notre époque contemporaine. Non pas que nous ignorions, non pas surtout que nous méprisions, le glorieux effort de ceux qui ont labouré jadis le terrain que nous voulons explorer aujourd'hui, mais parce que — sachant combien vos instants sont comptés — nous avons cru devoir sacrifier les précurseurs, pour vous entretenir plus longuement, des continuateurs actuels de leurs pensées. Sacrifice du reste plus apparent que réel, car vous retrouverez dans les œuvres dont nous parlerons, le fécond apport des ancêtres.

Nous ne voulons en outre connaître, que ceux qui sont réellement les produits de leur terroir, c'est-à-dire ceux dans les ouvrages desquels se joue le reflet de leur province et se retrouve « une nuance d'âme particulière », selon la belle expression de Barrès.

De parti pris donc, nous vous en prévenons d'avance, nous éliminons tous ceux qui ne nous appartiennent que par leur acte de naissance.

Il importe peu en effet, au lecteur de *Poil de Carotte* que Jules Renard soit nivernais. Il importe beaucoup au contraire aux admirateurs de la *Petite Fadette* et de *François le Champi*, de savoir que George Sand était berrichonne, car toute la pastorale de son œuvre est la traduction inimitable et charmante de ce que lui disait sa vieille province.

Il en résulte avec évidence, que pour bien comprendre nos auteurs régionaux, il faut, un peu tout au moins, connaître le pays au sein duquel ils vont puiser leur inspiration.

Vous ne vous étonnerez donc pas, Mesdames et Messieurs, que dans une première partie de ce travail, je vous donne une idée de nos provinces et de l'attrait qu'elles présentent. Vous serez ainsi mieux préparés à en comprendre la seconde, celle où nous passerons en revue les auteurs et leurs œuvres.

Le principal intérêt de la littérature provinciale réside en effet, dans la connaissance de cette répercution secrète des éléments constitutifs d'un pays sur un talent donné. Plus, entre eux, la compénétration est intime, plus elle éveille notre sympathie, plus aussi elle pique notre curiosité.

On a été longtemps, sans se rendre compte de cela. Il a fallu que Sainte-Beuve, Taine surtout, Brune tière et quelques autres orientent la critique dans ce sens.

Sans aller, jusqu'à tenir pour vraie l'affirmation quelque peu osée de M. Remy de Gourmont, qui prétend le plus sérieusement du monde que les poètes naissent plus fréquemment sur les terrains primaires que sur les terrains jurassiques et crétacés, on peut hardiment affirmer que la personnalité littéraire d'un auteur doit énormément au coin de terre, où il est né et a vécu, à la race dont il sort, au milieu qui l'a entouré, à l'hérédité qui l'a en quelque sorte pétrie, à l'éducation qu'il a reçue, à la religion dans laquelle il a été élevé....et à une foule d'autres causes moins déterminantes.

Nous pourrions essayer, à l'aide d'une méticuleuse analyse et d'une patiente dissection, de dresser un tableau d'ensemble de ces différentes causes.

Mais ce serait travail bien aride à vous offrir.

A quoi bon du reste recourir à ces procédés d'école?

N'avons-nous pas l'intuition personnelle, que toutes ces influences ont déposé, en nous, comme une riche et féconde alluvion, où germent et se développent. nos qualités naturelles ? N'avons-nous pas nous mêmes senti combien l'amour abstrait de la nature avait pris de force en nous le jour où nous en avions fait l'application concrète, au contact des sites et des paysages de « chez nous » ? Et si nous poussons plus loin notre indiscrète enquête : est-ce que notre foyer — ce sanctuaire intime de la petite patrie — n'exerce pas sur nous tous, indistinctement, une attraction souveraine, quasi irrésistible ?

Puisqu'il en est ainsi, n'allons pas demander à d'autres ce que nous pouvons trouver en nous-mêmes : ouvrons notre cœur et laissons le parler.

Le pays — nous dira-t-il — c'est moins le lieu de naissance, que celui où on a passé sa jeunesse, où l'on a grandi, où, à intervalles réguliers, on est venu s'abreuver à tous les souvenirs du passé, où on a laissé, accrochées à toutes les haies de l'enclos familial, quelques douces illusions, où l'on a, en un mot semble-t-il, épuisé la profondeur de toutes les joies humaines.

Si de plus, on y a souffert, on y a. lutté, on y a pleuré, il se forme, entre l'âme et lui, un lien plus intime encore et plus fort. Il devient en quelque sorte le reliquaire de notre souffrance, auprès duquel nous aimons à venir reposer nos cœurs meurtris et à demi-brisés.

Ce sentiment est si naturel qu'on le sent bouillonner dans l'inspiration de tous les vrais artistes.

Lamartine par exemple, serait-il le délicieux poète

qui a ravi notre jeunesse, et auprès duquel, si souvent encore, nous allons chercher quelques minutes d'exquise ivresse, s'il n'était le chantre admirablement inspiré de la terre natale et de toutes les douces impressions ressenties dans le coin de terre où s'abrite notre foyer :

Objets inanimés avez-vous-donc une âme,
Qui s'attache à notre âme et la force d'aimer ?

Ce cri du poète, qui est comme le résumé de son œuvre toute entière, ne l'avons nous pas cent fois, senti confusément monter de notre cœur à nos lèvres?

Subjugé par le même sentiment, Virgile, il y a vingt siècles, le traduisait par des mots différents, mais d'un sens bien analogue et tout pleins de la plus tendre des mélancolies :

Sunt lacryma rerum !...

De nos jours, toutes les beautés, qui s'épanouissent si magnifiquement dans l'œuvre de Mistral, viennent de la même source, l'amour du foyer, de la région, de la province... et si *Mireille* est à juste titre, considérée par tous, comme l'un des plus purs chefs d'œuvres de notre temps, c'est en grande partie, parce qu'elle est l'épopée de notre Provence, autrement dit, parce qu'elle est le poëme-type de la région.

Pour illustrer enfin d'un exemple actuel et bien régional notre démonstration, et sans nous laisser arrêter par les susceptibilités d'une modestie qui pourrait s'effaroucher de pareils voisinages, est-ce que toute la grandeur, toute la force, toute l'originalité de notre compatriote le sculpteur Baffier ne vient pas de ce que ce fils de cultivateurs berrichons a grandi, avec au cœur l'amour de son pays, la nostalgie de ses horizons de jeunesse, le souvenir aimé de la terre paternelle et de tous ceux qui concouraient à sa mise en valeur et à sa culture ?

Aussi quelle vérité et quelle unité dans son œuvre !

Qu'il représente les gracieuses Berrichonnes, que ses yeux de vingt ans ont connues, ou qu'il reproduise les traits énergiques de ses anciens compagnons de abeur, il y a entre eux, comme un lien de parenté, révélant la mystérieuse affinité, qui relie l'artiste a ses modèles.

Tout ce qui sort, en un mot, des mains de Baffier, exhale la douce et pénétrante odeur du terroir berriaud, du foyer paternel, et c'est un charme exquis, je vous assure, de la respirer.

C'est que, voyez-vous, Mesdames et Messieurs, il n'est pas au monde de meilleur asile que le foyer : le père et la mère l'ont sanctifié de leur présence et dans son atmosphère plane encore le subtil parfum des meilleures joies et des plus chers souvenirs.

Chaumière ou château, la première vertu du foyer est la stabilité, car ceux qui n'ont qu'un abri temporaire n'en connaissent pas la douceur infinie. Ils me font involontairement penser à « L'Exilé » de Lamennais, dont le refrain lamentable résonne depuis mon enfance à mon oreille, comme un glas :

« L'exilé partout est seul ! »

Ce sont des condamnés au vagabondage perpétuel, dans la maison desquels peut flamber la bourrée pétillante, qui éclaire l'âtre un moment, mais où on n'ose pas, dans l'incertitude du lendemain, asseoir sur le lit moelleux des cendres de la cheminée la buche, qui se consume à petit feu et qui est comme l'image vivante et chaude de l'éternité de la famille, assise à son chevet.

Le foyer est le centre de la tradiction familiale, l'anneau sacré qui relie les générations les unes aux autres.

A côté et autour de lui, le village, agglomération de foyers, vivant sous le même ciel, coulés dans les mêmes habitudes, apparentés en quelque sorte par une communauté d'esprit, de langage, de tendances et de sympathies naturelles.

Le pays lui-même, région plus étendue, fait naître un pareil sentiment d'attachement et jouit d'une place privilégiée au cœur de celui qui l'habite,..... Il suffit à Cyrano — vous vous en souvenez — de rappeler à sa troupe affamée son pays, sa lande... sa Gascogne enfin, pour que perle aux yeux de tous ces bretteurs une larme d'émotion qui leur fait oublier tout le reste ?

...Et nous en sommes tous là, tellement est naturel et fort ce sentiment, qui s'infiltre imperceptiblement en nous, dès nos années les plus tendres, pour arriver au bout d'un certain temps à nous posséder tout entiers.

Il y a de tout en lui : reconnaissance aux ancêtres d'avoir illustré l'histoire locale d'un peu de gloire, sympathie profonde pour ceux d'aujourd'hui, qui partagent notre commun souci du travail journalier et au cœur desquels nous trouvons des réserves de chaude affection, fierté enfin de la beauté de chez nous, de ce Centre, auquel nous ne cessons de penser en vous parlant, et qui par le charme différent de ses contrées, se prodigue pour nous, en séductions variées.

Voyez le en mai. Sortant de son engourdissement, la nature secoue les derniers vestiges flétris de son labeur écoulé, en même temps qu'apparaissent les premières manifestations de son réveil, Sur le même tapis de mousse reposent côte à côte les dernières feuilles cuivrées des chênes et les blancs pétales des fleurs de cerisiers, qui s'effeuillent en envolées pâles, à la moindre caresse du vent.

Sous la furieuse poussée des germes, la terre se soulève, s'écaille et s'entrouvre, pour livrer passage aux vivantes richesses qu'elle recèle.

Sous nos yeux et pour tous, humbles et puissants, riches et pauvres, elle étale toutes les merveilles de ses dons. Par un raffinement de coquetterie — semble-t-il — elle se pare, elle se fleurit, elle se fait au suprême degré attrayante, pour qu'à la violence de son charme nul ne résiste.

Et cela, partout, dans notre région, avec un tel cachet original pour chaque endroit, qu'il n'est pas permis au moins favorisé d'entre nous d'envier celui qui l'avoisine.

Dans le Bourbonnais et le Nivernais, c'est un vrai spectacle de richesses que la nature nous offre. L'opulence de leurs herbages, la fraîcheur de leurs sites, la fécondité de leur sol en font des lieux d'élection pour tous ceux qui se livrent à la noble tâche de demander à la terre leur subsistance. Le Berry est enveloppant par le mystère de sa campagne, entrecoupée de brandes, de haies fleuries, de massifs boisés et de rivières capricieuses. Aux larges horizons du Gâtinais et de la Beauce — la terre des grands blés, comme l'appelle l'un des plus éloquents évêques de notre temps, — succède le paysage reposant de la

Puisaye avec ses forêts, ses étangs, pleins de calme, de recueillement et de charme. Un peu plus loin c'est la mélancolique Sologne, à l'atmosphère parfumée de bruyères et de résine, qui, chaque année, sans perdre aucun de ses naturels attraits de sauvage beauté, se fait plus libérale de ses dons, devant le patient labeur des générations agricoles, qui continuent à lui demander le pain quotidien. C'est le Morvan, le pays noir, dont les vallons boisés ombrent d'une intimité charmante les eaux capricieuses de la Cure et du Cousin. Ce sont les gorges sauvages où se précipite, en cascades impétueuses, la petite, mais ravissante Sioule, qui vient d'Auvergne. Ce sont enfin les admirables paysages de la Vallée Noire, que forme la Creuse avec ses rochers, et qui par une attention délicate de la providence sans doute, donne à la pointe extrême de notre Berry, un attrait de beauté incomparable.

Partout — vous le voyez — autour de nous, c'est à profusion la vie, la richesse, la splendeur d'une nature, qui s'est, pour nous plaire, multipliée, pourrait-on dire, sous des aspects différents, reliés entre eux par le cours paresseux de la Loire, qu'a si bien chantée Jules Lemaître, dans une heure de délicieux oubli poétique.

Vous me pardonnerez, Mesdames et Messieurs, de m'être étendu un peu longuement sur la description du sentiment profond qu'éveille en nous, gens du Centre le souvenir du pays et du foyer; mais c'est la base même de toute littérature provinciale, c'est le premier reflet qui doit éclairer toute œuvre régionaliste. Or vous l'avez déjà deviné — ce n'est pas le seul.

L'originalité d'une province n'est pas toute dans l'aspect qu'elle offre à l'œil, même quand il est une porte d'entrée complaisamment ouverte sur le cœur.

Nous n'avons jusqu'ici qu'effleuré le côté moral de la question. Cette province, le Berry par exemple, a un passé historique où dorment toutes ses gloires. Elle a une tradition pieusement enclose dans ses légendes, dans ses contes et même dans ses chansons. Elle a ses mœurs propres, qui jusqu'à nos jours encore se sont conservées dans certains villages reculés. Elle a son costume : sa coiffe de dentelles si seyante et sa capiche si pratique. Elle a ses jeux et ses danses, la bourrée et le branle, que la vielle et la cornemuse accompagnent. Elle a ses fêtes religieuses locales : le 10 mai, la Sainte-Soulange, cette émule de Sainte-Agnès, dont Hugues Lapaire a si magnifiquement conté la gracieuse épopée ; la Bonne Dame du Vaudouan, le 22 septembre, où tous les habitants de la Vallée Noire se rendent avec empressement et confiance, pour y guérir leurs maux. Elle a enfin son idiome expressif et coloré, tout plein de la saveur de ses origines celtiques.

> La vieille, les pieds sur les landiers
> Acoute l'vent sous l'joint des portes,
> L'vent qu'va chanter des mois entiers
> Cl'air si vilain des chouses mortes !

Vous le voyez, il n'est pas bien difficile à comprendre, et je vous en dirai tout à l'heure d'autres échantillons, mais remarquez dès maintenant combien ses ellipses, ses termes populaires, ses tournures locales,

ses images naïves lui gardent un pittoresque, qui
manque un peu trop à notre langue policée et quelque peu anémiée par des siècles de haute culture
intellectuelle. Il se dégage de lui un âcre parfum,
analogue à celui de la plante sauvage, qui pousse
sur le terroir. Il en a la saine amertume et la vigoureuse rudesse et nul assurément mieux que lui ne
peut traduire la naïveté charmante et simple des
sentiments qui vivent au cœur de nos paysans du
Berry.

Car il ne faut pas les oublier, eux non plus, dans
l'énumération de ce qui constitue le tempérament de
la province. Sous une physionomie un peu rébarba-
tive, sous une écorce un peu bourrue, ils cachent
une personnalité bien marquée. Ce sont des silen-
cieux, qui écoutent — pourrait-on croire — la perpétuelle et monotone chanson de leur âme un peu fruste
au dedans d'eux-mêmes; des timides, qui ne se sentent à l'aise, que dans l'intimité de leurs bœufs de
labour et dans la solitude de leurs champs, où ils
s'épanchent dans de traînantes mélopées. C'est là,
qu'il faut entendre les *brioleux*, ceux qui bercent
de leurs chansons, la marche lente de leurs animaux
de labour. Ce sont des patients au travail plus encore
que des actifs, doués d'un bon sens naturel, qu'é-
touffe un peu le respect exagéré des pratiques du
passé, des croyants sincères bien que trop souvent
peu pratiquants, des caractères faciles, qui obéissent
plus souvent à leur cœur qu'à leur raison. Bons, ser-
viables, généreux, il suffit d'avoir pu vaincre leur
timidité et leur méfiance instinctives, pour recon-

naître les profondes qualités de cœur qu'ils possèdent.

Telle est à peine dessinée, la silhouette morale du Berrichon, qui se distingue très nettement de celle des paysans habitant d'autres provinces.

Mesdames et Messieurs, je suis obligé d'arrêter là le bref inventaire que j'ai tenu à vous présenter de toutes les richesses artistiques et morales que recèle une province comme le Berry.

J'aurais pu rechercher dans ses papiers de famille la noblesse de ses origines, les gloires de son histoire, les enseignements de son passé. J'aurais pu vous instruire de ses anciennes coutumes, vous conter ses légendes, vous décrire ses monuments.

Il me suffit que vous sachiez que tout cela existe, pour que vous compreniez combien inépuisable est cette mine d'inspirations pour les littérateurs et les artistes qui ont le courage et la noble passion de se consacrer à la glorification de leur pays.

Aussi, parmi eux, c'est à qui exploitera ce riche filon.

Parmi les peintres, *Fernand Maillaud* est peut être celui qui a rendu avec le plus de vérité et d'émotion la pénétrante beauté du pays berrichon. On retrouve sur ses toiles, quelque chose de la paix mélancolique et douce, qui plane sur les brandes au crépuscule, à l'approche des ombres du soir. Le sujet de ses peintures est simple : ce sont des paysages gris, des intérieurs enfumés, des petites rues de province, des coins de marchés où les coiffes blanches des paysannes s'harmonisent de façon charmante avec les blouses bleues des laboureurs. Mais, il s'en dégage une impression d'une intimité très spéciale que les berrichons connaissent bien pour l'avoir cent fois ressentie.

Nous la retrouvons cette communion intime de l'artiste avec son pays, dans *Armand Beauvais*, qui s'attache à nous faire goûter le charme de la vallée du Mouton, un affluent du Cher — dans *Busson*, dont les effets de lumière, après la pluie, nous révèlent un Berry tout souriant, dans ses tonalités chaudes et éclairées, — dans *Rosa Bonheur*, avec son Labourage nivernais et sa Fenaison, si sincère de vérité, — dans *Guillon*, qui a tenté non, sans succès toujours, de traduire la sauvagerie de son Morvan, — dans *Harpignies* enfin dont l'universel talent s'est affirmé (et Dieu sait avec quelle maîtrise !) dans la peinture des paysages de son pays d'élection, les bords de la Loire.

Il m'en coûte en terminant de ne pas ranger dans cette pléiade, *Didier-Pouget*, le peintre des bruyères, ces

Humbes lilas d'automne à la teinte si douce,
Qui cachent mollement leurs pieds nus sous la mousse.

Mais ses paysages de Creuse, si voisins de ceux de notre Berry de l'Indre, ont une vivacité de reflets, une richesse d'expression, qui dépassent en couleurs la monotonie de nos brandes, plus modestes et moins somptueuses.

Voilà pour les peintres.

Vous savez déjà, que parmi les sculpteurs, *Baffier*, le grand tailleur d'images berrichonnes, puise toute

son inspiration à la source vive de sa province. C'est
dans le petit enclos de la Croix-Renault, à l'ombre
des vergers fleuris de son pays de naissance, qu'il
vient chaque année, étudier la flore locale, dont il
fleurira ses étains. C'est de là, qu'il a jadis rapporté
les ébauches de ses plus belles œuvres : la Mariette,
la Rose, la Jeannette, imprégnées les unes et les
autres de la grâce charmante de nos paysannes
berrichonnes. C'est là enfin, qu'il a conçu l'idée de
son chef d'œuvre, cette monumentale cheminée,
digne des plus beaux palais antiques, et dont l'orne-
mentation sculpturale est un splendide et magnifique
hommage à sa terre berriaude. Baffier l'aime tant sa
province, que la glaise, sous ses doigts, s'est animée
en quelque sorte. Ses personnages?.. mais on les à
vus, cheminant le long des *traînes* vertes, entre les
bouchures;... ses fleurs et ses fruits... mais on a res-
piré le parfum — semble-t-il — au jours de prin-
temps et d'automne, dans les vallons embaumés de
son pays. C'est tout le Berry qui chante dans son
œuvre : et c'est pourquoi ce véritable poëme qu'il a
inscrit sur la pierre nous émeut, comme nous appor-
tant l'écho de quelque chose d'infiniment cher et
aimé.

Il n'est pas le seul cependant qu'il faille citer. A
coté de lui, *Nivet* doit avoir une part dans notre ad-
miration et notre reconnaissance. Berrichon de l'Indre, ses origines sont modestes, comme celles de
Baffier. Son grand-père tondait les moutons et tail-
lait les abeilles. Son père était simple ouvrier ; il faisait moisson, il travaillait dans les bois. « En Avril,
conte notre sculpteur — quand le bois sue, j'allais
aux écorces avec mon père. Nous vivions dans les

loges des bucherons et le soir à travers les branches,
nous regardions le ciel où brillaient les étoiles. Alors
on se mettait à genoux et chacun disait la prière, qui
lui montait aux lèvres. Curieux comme tous les enfants, je demandais souvent à mon père des explica-
tions sur les milliers d'astres, qui semblaient des
veilleuses dans la nuit. « Mon petit, me disait-il, tout
cela nous sera expliqué un jour. » Ce trait dénote la
curiosité inquiète de cet enfant prédestiné, qui
répondant plus tard au secret appel de son talent,
devait illustrer son nom, par des œuvres de tout premier ordre, comme son Faucheur, ses Deux Bergers,
son Monument aux morts de Buzençais. — Il y a en
elles — et c'est ce qui pour nous surtout en fait l'attrait — une sensibilité émue qui nous empoigne, une
originalité de facture, un cachet d'art loyal, qui prou-
vent combien profondément il a su pénétrer l'âme
paysanne de notre région.

Arrêtons-nous ici, Mesdames et Messieurs.
La vérité de ce que j'avançais tout à l'heure, à
savoir que les provinces du Centre et le Berry en
particulier sont une terre féconde pour l'artiste qui
la veut exploiter, me semble suffisamment prouvée.
Nous avons vu, sous le pinceau des uns, sous le
ciseau des autres, l'art s'épanouir dans nos contrées.
Voyons maintenant la part qui revient aux littérateurs dans ce magnifique effort de tous vers le beau.

Au mépris du serment, que j'avais fait au début de
cette conférence, de ne vous parler que d'auteurs

strictement contemporains, je ne puis pas, en abordant la littérature berrichonne, ne pas vous dire au moins quelques mots de *George Sand* et de *Rollinat*. Ce sont deux précurseurs, étagés à deux époques sensiblement différentes. On ne peut pas les ignorer ; leur influence a été trop grande.

C'est *George Sand* en effet, qui, en greffant sur son tempérament littéraire d'une infinie richesse, la sève rustique qui coulait dans ses veines de Berrichonne, passionnément éprise de son pays, a créé à proprement parler, la littérature pastorale. Son amour de la nature est affaire de cœur et non d'imagination. Il ne s'égare pas dans le vague de conceptions abstraites ; il se concentre sur des objets connus, sur la campagne de Nohant, par exemple, où elle passa sa jeunesse, et où elle revient si volontiers par la suite. Ce n'est pas une grande dame un auteur célèbre, qui vient calmer ses nerfs dans le repos de la campagne et y faire une cure d'inspiration. C'est une campagnarde cultivée, qui se retrouve chez elle au milieu des paysans berrichons, qui sent vivement et clairement ce qu'eux sentent confusément, qui s'intéresse à tous les détails de la vie des champs et boit ainsi, à pleine bouche, et à la source, la poésie simple et agreste, qui s'en dégage. C'est pourquoi elle excelle dans la composition des scènes rustiques. Elle connaît son milieu, elle s'y meut familièrement, elle en reçoit une empreinte profonde, et alors, l'émotion qu'endigue avec peine son cœur, s'épanche dans son œuvre, à l'occasion de la moindre chose.

Il est — dit le poète — d'étranges soirs, où les fleurs
[ont une âme,
. . . . de clairs matins, de roses se coiffant,
Où l'âme a des gaîtés d'eaux vives dans les roches,
Où le cœur est un ciel de Pâques plein de cloches. . . .

George Sand a vécu ces matinées et ces soirées
d'ivresse, où l'âme, s'affranchissant du convenu,
recueille avec piété, le merveilleux écho des hymnes,
qui bourdonnent éternellement du sein de la nature.

« Vous faites la comédie humaine — disait-elle à
Balzac — et moi, c'est l'églogue humaine, que j'ai
voulu faire. » Elle y a en tous points réussi ; elle a
renouvelé le sentiment de la nature.

Rollinat, fils d'un avocat de Châteauroux, né en
1846, est le filleul de George Sand, ce qui ne veut
pas dire qu'il ait hérité du genre littéraire de sa
marraine. « C'est une âme, comme dit Gœthe, chargée
d'un grand dessein et incapable de l'accomplir. »

A la veille de quitter définitivement Paris, pour
gagner Fresselines et les bords de sa Creuse, il se
dépeint lui-même, il forme des projets :

> Barde assoiffé de solitude
> Et bohémien des guérets,
> J'aurai mon cabinet d'étude
> Dans les clairières des forêts.
> Et là, mes vers auront des notes
> Aussi douces que le soupir
> Des rossignols et des linottes
> Lorsque le jour va s'assoupir.

Maurice Rollinat s'illusionne. Ses poèmes rustiques — *Paysages et Paysans, Dans les Brandes* —

sont moins un chant qu'une plainte, d'où suinte une amertume infinie. La campagne, son coin de Berry qu'il adore, ne lui ont pas apporté le calme qu'il escomptait. C'est toujours le poète des *Névroses* qu'on retrouve. Son âme est une lyre à demi-brisée, comme celle de ce pauvre Verlaine avec qui il n'a pas que ce seul point de contact. Il s'en exhale des sons d'une harmonie parfois déchirante. Sa sensibilité poétique est à fleur de peau. Un rien suffit à l'éveiller : un chardon, que secoue le vent dans un coin de ses brandes berrichonnes ; un rayon de lune qui se profile sur la pâleur mouvante de la Creuse ; un ver luisant, qui étincelle dans l'herbe sombre de son enclos ; une vipère, qui glisse majestueuse et lente, dans les rochers qu'il foule de ses pieds.

Il n'est pas une des natures mortes qui l'entourent, à plus forte raison, pas un des sites merveilleux qu'il habite, qui ne l'ait inspiré.

En d'autres termes, il porte, sous ce front magnifique et tourmenté qu'a si bien reproduit Jules Neige, un monde de sensations latentes, — alluvion dont s'est enrichi son talent, au cours de sa vie douloureuse — sensations, qui bouillonnent dans son cerveau et qui se fixent et se précisent sous sa plume, au gré des menues circonstances de chaque jour.

Et c'est ainsi que le spleen, qui le conduit si lamentablement à la tombe, étend un voile de tristesse sur toutes les esquisses qu'il dessine, même sur celles dont la limpidité naturelle devrait éclater à tous les regards. Il flotte une brume de douleur devant ses yeux. Ses poésies en sont toute embuées. Cela s'explique : son corps est miné par une richesse de facultés qui l'épuisent, son cœur déchiré par un deuil qu'il portera toute sa vie, et comme d'autre part il n'a pas la foi... la foi qui console, qui soutient, qui éclaire, il est la proie toute désignée de la désespérance. On le sent à travers toutes ses lignes.

Et cependant, il pourrait dire avec Lucrèce :

« *Est Deus in nobis: agitante calescimus illo* ! Il est un dieu en moi (que n'est-ce le vrai ?) qui me porte, qui me réchauffe, qui m'inspire ! »

Il l'a senti ; il ne l'a pas, hélas ! reconnu. Et c'est pourquoi, il a porté des fleurs — des fleurs exquises de terroir — au parfum desquelles les générations à venir viendront se griser, et il n'a pas donné de fruits, dont on puisse à proprement parler se nourrir le cœur.

De tous les auteurs actuels, *Hugues Lapaire* est certainement celui qui a le plus contribué à promouvoir la renaissance de la littérature berriaude. Il s'est exercé dans tous les genres. Aussi, son œuvre est-elle déjà considérable : Poésies, théâtre, romans, contes, études critiques, il a tout abordé, avec un égal succès. C'est le pionnier d'un sentiment — du sentiment provincial — plus encore que le pionnier d'une idée. Plus exactement encore, c'est en prose comme en vers, un poète, mais qui se sert de sa plume comme d'un pinceau. Il a des descriptions exquises, d'une exactitude de touche incroyable, d'une vérité saisissante.

« Son Berry lui chante aux oreilles » — il le dit quelque part, et ce n'est pas douteux ; je croirais cependant plus volontiers, qu'il se réflète tout entier dans ses yeux.

Jugez-en vous-même : il s'agit des semailles que l'Annette fait elle-même :

L'Annette habituée aux rudes servitudes
Suivait les longs sillons, droits parallèlement.
— Seule, en l'immensité des brunes solitudes
Depuis l'aube naissante, elle allait pesamment.

La tristesse d'octobre enveloppait les choses,
Un brouillard violet traînait sur les labours,
Tout annonçait l'hiver, les jours voilés, moroses,
Jusqu'au cri famélique et rauque des vautours.

. . . . : . . . . . .

Et l'Annette marchait malgré ses défaillances ;
Elle allait vers le Nord, retournait au Midi
Puisait en son giron, l'or pâle des semences
Et les jetait au vent d'un grand geste engourdi.

De sa main décrivant une courbe légère,
Le blé sacré pleuvait, fécondait les labours ;
Son effort triomphait, suprême, volontaire :
Le grain germerait, le pain viendrait toujours.

Parfois, ses lourds sabots s'empêtraient dans les mottes...
Alors, d'un coup de rein, elle se redressait
Et du Nord au Midi, dans la clarté falote
Son geste reprenait, son corps se balançait.

Il y a, dans cette peinture rustique, une précision de termes, de gestes, d'images, de dessin en un mot, qu'on retrouve dans toute sa poésie et dans presque toute sa prose. Il en résulte un accent de sincérité, qui s'impose, qui donne à toute son œuvre, un charme de familiarité aimable, que peu d'autres ont atteint au même degré.

Au point de vue purement descriptif, ce réalisme est toute séduction. Il corrige le flou d'une imagination, qui serait peut-être tentée par son ardeur même

de dépasser les limites du vrai. Il creuse au burin les
aspects divers, sous lesquels se conserve dans notre
mémoire, le souvenir de sa province, de son coin de
terre et des travaux qui s'y font.

Il excède fâcheusement son droit — me semble-t-il
— quand il prétend ne rien voiler des laideurs morales dont aucune vie n'est complètement exempte.
Sans doute, Lapaire s'est bien gardé de tomber dans
les excès naturalistes, qui ont fait la fortune littéraire
de certains auteurs célèbres. L'amour très profond qu'il
a de son pays lui a été une heureuse sauvegarde (1)
Mais, dans ses romans surtout, il y a des pages qu'on
aimerait à purger d'un certain sensualisme, qui s'y
étale vraiment trop complaisament. En Berry comme
ailleurs, le paysan a certaines pudeurs, s'il n'a pas toutes les délicatesses morales. Il n'a pas non plus, comme il le laisse entendre, dans l'*Epervier*, dans le *Courandier,* dans les *Demi-Paons*, cette mentalité grognonne,
où semble fermenter un esprit de révolte, hostile à ceux
qu'il sert. Frondeur, le Berrichon l'est à l'occasion
volontiers ; mais il m'est toujours apparu, jusqu'ici
tout au moins, réfractaire aux idées révolutionnaires.

Hugues Lapaire ne s'est point contenté de défendre
les traditions de sa province, dans ses poésies et dans
ses romans. Il y a consacré deux petits ouvrages
spéciaux du plus puissant intérêt, intitulés *Le Pays
Berrichon* et *Le Patois Berrichon*. La préparation de
cette conférence m'a fait entretenir avec eux un
commerce intime, au cours duquel j'ai pu les appré-
cier tout à mon aise. Je n'insiste pas davantage,

(1) Depuis lors M. Lapaire a publié des *Contes gaulois*, au
sujet desquels cette appréciation ne peut pas être intégralement
appliquée.

ayant puisé dans l'un, une part des documents qui
m'ont servi dans mon étude, et tenant à vous donner
de l'autre, une preuve par l'exemple du captivant
intérêt de l'objet dont il s'occupe,

Ecoutez cette pièce, cueillie dans les « *Rimouères
d'un Paysan* ». Non seulement elle est un savoureux
échantillon du patois berrichon, mais elle est encore
l'une des poèsies de Lapaire où la mentalité paysanne
— faite de timidité, de patience tenace et de froideur
apparente — est le plus exactement comprise et le
plus habilement présentée.

Le Dernier Attelage

*MAITRE BAUMIÈRE, métayer du domaine de Beurré — soixante
ans, collier de barbe et cheveux gris — est en train de se raser
devant un morceau de glace pendu au mur entre la porte et la
fenêtre. Il promène lentement le rasoir sur la peau tannée, cuite
au soleil, et semble ne prêter aucune attention à DÉSIRÉ, son
voisin, qui vient d'entrer. — Robuste gas très-blond, longues
moustaches, blouse neuve, cravate et pantalon noirs.*

> DÉSIRÉ, un peu gêné. tourne son chapeau dans ses mains larges,
> épaisses, durcies par le travail.

C'est quéqu'chose, mait' Baumière, que j'viens vous demander.
Entre voisins, dit's voir, on peut ben s'entr'aider !
J'nous connaissons d'longtemps...vous ét's un houmm'serviable...
Moi... j'compt' que j'ai jamais fait tort à mon semblable....
J'ons d'l'estime l'un pour l'autre et j'pouvons nous l'prouver.
C'est même à caus' de ça que j'sis v'nu vous trouver...
Mais... j'vous dérange à c'tte heure ? Je r'viendrai... Fait's excuse !

> *(Maître Baumière se savonne placidement le menton.
> Désiré fait mine de sortir, puis se plante résolument
> au milieu de la maison)*

J'm'étais dit : « Mait' Baumière, ça s'peut pas qu'y m'refuse...
C'est un houmme qu'a gardé le bon sens d'autrefois
Et qui n'a rien perdu d'nos usag's villageois.
L'vent peut tourner, virer ou souffler en tempéte,

Ça yòt'ra pas pour ça son idé' d'dans sa tête.
Y pens'ra tout' sa vi' comm' pensaient les anciens ! »
Et c'tte façon d'voir là, c'est ben aussi la mien !
Mais aujourd'hui, l'pésan a changé ses manières ;
Y n' veut plus, a c' qu'y dit, berlaiser en arrière,
Mais marcher comm' les aut's dans l' chemin du Progrès !
Où qu' ça va t'y l'mener ? J' l' verrons ben après...
Or depuis qu'il écout' ceux parlequeux habiles,
Quand son corps est aux champs son esprit court la ville
Et ne comprenant ren à c'qu'on y a radoté
Il croit que c'est là-bas que s'trouve la liberté !
Il a perdu l'respect de toutes nos croyances ;
Il travaille sans joie et vit sans espérance.
C'est pour ça, mait' Baumièr', qu'au temps de la moisson
On entend jamais plus brioler de chansons !
Moi, quand j' conduis mes bœufs dans les labours d'automne,
J' songe au pain quotidien que la terre nous donne
Et s'il m'arrive parfois de souffrir d'être gueux
C'est pas pour en r'jeter la faut' sur le Bon Dieu.
J'ai compris, mait' Baumièr', tout ch'tit pésan que j'sommes.
Que l'mal nous v'nait tout dret de la race des hommes !

*(Il lève ses yeux sur maître Baumière qui continue à
se raser)*

On a toujours chez nous passé pour des gens d' bien.
Nout' famill' n'a jamais rougi de l'un des siens
Et, sans vous offenser, j'peux ben dir' que sur terre,
Y avait rien plus honnêt' que ma défunte mère...

(Avec émotion)

Rapp'lez-vous d elle ! Veuve avec trois enfants.
Courbé' sous les fardeaux et le soleil des champs...
Dam'! J'ons jamais manqué de not' écullé' d' soupe !
L' plus jeun' de nous s'tenait à gogo sur sa croupe ;
Les autres se pendaient après ses cotillons...
All' menait aussi ben les bœufs qu'un chartillon...
Vers les sarcleux d' moisson, alle glanait sa gerbe,
Sâssait son linge au riau, menait ses chieuv's à l'herbe
Et trouvait, l' soir venu, lass' de tant tarbater
Pour nous faire dormir, le courag' de chanter !
Alle n'étangeait ren, ni son temps ni sa peine ;
Jusqu'au dernier fum'ron, all' tricotait sa laine

Tant si ben qu'un moment all' se sentit à bout
Et finit dans mes bras, l'aut' matin tout d'un coup !

(Maître Baumière passe lentement son rasoir sur sa
joue droite).

J'avais guèr' grand besoin de vous dir' tout c' bien d'elle ;
Mais comme j' préparais nout' charriot à ridelles
Pour la porter c'tantôt sous quéqu' pouc's de gazon,
J'ai pensé : « Comm' nous v'là dans la morte saison
Et qu'on vient d'achever les derniers labourages,
Puisqu'il ne reste plus à faire que de gros ouvrages.
Mait' Baumière aura ben sans doute la bonté
De m'prêter deux d'ses bœufs, Rondin et Rabaté,
A l'effet de conduir' jusqu'aux port's du cem'tière,
La Benoîte Ravaude, ma chère et digne mère !
C'est vous avec Liger du domaine de l'Etang
Qui possédez ben sûr les plus jolis bœufs blancs !
Confiée à leur allur' si paisible et si douce
Ma vieille s'en ira sans cahot, sans secousse ;
Et quand all' passera le seuil de la maison,
On croira qu'all' sen va terminer la moisson !...
Vos bœufs n' fatigu'ront pas... la route est bràmment plate !...

Maître Baumière, essuyant son rasoir sur le linge placé
sur son épaule gauche, d'une voix tremblante d'émotion.

Pour ta m'man mon p'tit gas, pour ta m'man, yen faut quate !

Nigond, né à Châteauroux en 1877, s'est imposé
d'un seul coup à l'opinion, par deux recueils d'un
très réel mérite, dont l'un a été couronné par l'Académie française et dont l'autre a été écrit en patois
berrichon. Ils s'intitulent : *l'Ombre des Pins* et les
Contes de la Limousine.

Il y aurait toute une étude très intéressante à faire
sur M. Gabriel Nigond. Il est Berrichon, son cœur
le crie dans des accents qui ne trompent pas ; il est
poëte aussi, dans toute l'acception du terme : la mu-
sique des mot, le chatoiement des images, l'harmonie

des formes trouvent en son âme une lyre, toujours prête à vibrer. Mais il est en outre — ce qui n'est pas pour nous déplaire — quelque peu philosophe et moraliste. Que sa morale soit parfois un peu relâchée j'en conviens; que sa philosophie soit teintée d'un peu de scepticisme, il faut le reconnaître, en le regrettant. Malgré cela, son œuvre poétique y gagne en variété, en émotion, en intérêt.

Prenons des exemples :

« La gloire n'est point, mon frère, ce que j'aime !

— C'est l'Angelico qui parle et qui, d'une façon charmante, exalte la joie de sa retraite, si éloignée de toutes vanités du monde. —

La gloire, qui décroît, selon l'heure et le vent
Comme l'ombre d'un pin sur l'herbe languissante,
　　Vaut-elle la paix innocente
　　Que je goûte en notre couvent ?
Ici, tout me sourit, tout me plaît, tout m'inspire.
Dès qu'une fleur s'ouvre au jardin, je la respire !
Dès qu'une abeille sonne aux ruches, je l'entends !
Et je vous vois passer !... et les grands plis flottants
De chaque robe font des lignes sur l'espace,
Et j'ai plus de bonheur, à peindre, quand ils passent.

On sent dans ce tableau, l'appaisement qu'apporte la solitude au cœur, qui suivant le secret appel de Dieu s'abrite sous le froc du moine.

L'isolement par ailleurs n'est pas toujours salutaire. Il est parfois le fruit verreux d'un orgueil insondable. Il brise alors les âmes mal trempées.

Tu voulus pour jamais choisir la solitude,
Secouer le passé, sur ton seuil, en entrant,
Mais au fond de ton cœur orgueilleux, savourant
La noble rareté de ta simple attitude,

Tu voulus pour pleurer sur tous, un humble toit
Et pour ton châtiment la pauvreté suprême ;
Mais, hélas ! tu pleurais d'extase sur toi-même,
Et te sacrifiant, tu n'admirais que toi !

Ah ! beaux récits, que d'âge en âge on raconte !
Ermites, qui passez du désert au cercueil !
Et tu laissais gronder ton incroyable orgueil,
Ingénûment, pauvre homme, et sans t'en rendre
[compte.

Or, il suffit qu'Avril, sous ta porte, ait soufflé
Le frais embrasement de sa sublime haleine,
Que les buissons, fleuris d'aubépine et de laine,
Livrent au grand soleil leur petit cœur gonflé,

Il suffit d'une fleur, dans le soir exhalée,
D'une ombre et d'un rayon luttant par un beau jour,
D'un cercle d'herbe neuve, au pavé de la cour,
Ou sur le mur, du jaune éclat des giroflées,

Il suffit d'un feuillage au fond du bois vainqueur,
D'un poisson nonchalant au fil d'une eau rapide,
Ou, tendu largement sur l'horizon limpide
D'un ciel, dont la tendresse attendrira ton cœur,

Pour que ton fier exil s'écrase et que, captives,
Tes ailes, pauvre oiseau, demandent à s'ouvrir,
Pour que, désenchanté, ton pas cherche à courir
Et que, selon la règle et ton désir, tu vives !

Viens. Fuis ta solitude, ô solitaire ! Il faut
Un miroir à tes yeux, pour y plonger leur flamme,
Deux mains pour y poser tes mains, il faut une âme
Pour pouvoir, grelotteux, tenir ton âme au chaud.

Accueille simplement cet ordre nécessaire ;
Puisque l'arbre doit croître et le bon grain germer,
Puisque l'homme, malgré la douleur, doit aimer,
Laisse au rythme éternel battre ton cœur sincère !...

Qu'ainsi, le premier feu de l'arrière saison.
Trouve au coin du foyer deux places occupées,
Que, par les nuits d'hiver, sous le givre drapées
Brille une double étoile, au ciel, sur ta maison.

Et lorsque ayant lié tes jours comme une gerbe :
La mort, baisant ton front, l'aura rendu plus beau,
Puisses-tu voir longtemps, au seuil de ton tombeau
L'empreinte, ô cœur glacé, de deux genoux dans
[l'herbe !

Ce coup de sonde pénètre jusqu'au fond de l'âme
humaine, c'est pourquoi il nous fait tressaillir à l'an-
goissante vision des besoins éternels et impérieux du
cœur, qui se charge, parfois de bien cruelle façon —
et c'est le cas ici — d'humilier les prétentions orgueil-
leuses de notre esprit.

Dans le *Moulin Mort*, que je veux encore vous citer
parce qu'il est en patois, la note est plus mélancolique
plus douce, plus tendre. L'émotion subsiste, mais
apaisée, contenue. Les larmes que laisse couler le
meunier devant son moulin abandonné sont exemptes
d'amertume. En elles, se reflète une tristesse sincère
sans doute, mais dans laquelle on voit poindre la
résignation, cette vertu des humbles, que nous appe-
lons, nous autres chrétiens, soumission à la Providence.

C'est son ch'tit cœur de bois de sapin
Qui roulant dans l'creux d'sa poitrine
Ecrasait, en fleurs de farine,
Les grains de blé dont on fait du pain !
Autrefois, j'étions sept pour rire,
Aujourd'hui, j'suis seul pour pleurer !
L'roncier s'entremêle à l'ortie,
Pus d'farinier, pus d'bricolin,
Y a pas d'clients pour mon moulin,
La benté d'la terre est partie !

C'est pas qu'aujourd'hui l'soleil joue,
Et que l'temps brille à sa clarté
Qu'à loisir j'en ai profité
Pour revoir la maison, la roue,
L'banc de pierre à la port' d'cheux nous
Où j'm'asseyais les jours de fête
Anvec mes p'tits gâs su'les g'noux.
L'ormiau, dont la feuille se balance
Au coin de la bouchure du verger,
Tout c'qu'est le même et qu'a tant changé
Par l'effet d'l'âge et du silence !
V'là mon dernier adieu, premier dernier !
Si j'pleure un brin, c'est pas d'ma faute ....
A présent, j'vas r'monter la côte
Avec mes raisins dans mon panier.
J'm'en vas suivr' mon sort, coûte que coute,
Branlant des jambes et du menton,
Les mains d'aplomb su'mon bâton,
Comme un vieux trainier suit sa route.

. . . .

Quant au bon Dieu, j'y d'mande seul'ment
— Pis qu'il est si juste et si tendre —
La grande faveur de m'faire entendre
Au soupir du darnier moment
L'joli bruit d'l'iau frôlant une arche,
Et sous la brume du moulin fermé,
La chanson d'un moulin qui marche !...

. . . .

Je m'en voudrais, Mesdames et Messieurs, de vous
laisser sous cette impression un peu triste.
Nigond n'est pas toujours le moraliste sévère et un
tantinet mélancolique, que vous pourriez vous figurer
après les citations que je viens de vous faire de lui.
A l'occasion, il ne dédaigne pas d'emprunter le jovial
bon sens des paysans, pour flageller les travers de
son époque. Ecoutez plutôt le reproche indigné de ce
mari à sa femme trop coquette :

J'veux qu'l'ay l'air d'une femme de chrétien
Et no i pas l'air d'une sornambuse.
C'est y ben creyabl' qu'eune pésanne
S'affuliolât d'si grande ardèur,
En s'arrosant la piau d'odeurs
Qu'sentiont la rose et la tisane !

. . . .

D'pis un mois, j'nous trouvions au r'pos.
J'songais : « Ça y pass' d'être coquette ! »
Quand v'la pour la noce à Jacquette
All' fait v'nir, d'un coup, deux chapeaux.
Su' l'premier, y avait six pivoines,
Eune tapée d'roses et des sen'çons.
Su' l'autr', bonne Vierge, un nid d'pinsons,
Des ribans, des prunes et d'l'avoine !
A côté, crainte de la faner,
Au large du lit ben étalée
Ça s'trouvait eun' rob' d'installée
Tell' qu'on peut pas s'imaginer !
Des volants, des fluchots d'dentelles,
Pis des v'lours en manière de fleurs
Et des machins d'toutes couleurs
Que j'sais pas comment qu'ça s'appelle !
Du bleu parvanche, du jaune coucou,
Du rouge comme un feu qui s'allume
Sans compter un tortillon de plumes
Pour s'enrouler autour du cou !
Un sac tel qu'eune blague, eun' ombrelle
Des gants, des gants blancs... Et pus longs !
Des souliers jaunes à grands talons !
Et du « sent bon ! » Tout ça pour elle !...

. . . .

Si je clos la liste des poëtes berriauds, par le nom
de *Jean Rameau*, ce n'est pas que je le considère
comme l'émule de ceux dont je viens de vous entretenir, mais c'est en raison de la part importante qu'il
a prise à la vulgarisation du patois populaire, dans le
Berry et dans les alentours.

Ce sabotier qui s'est fait sonneur de cornemuse par circonstance est avant tout un chansonnier. Il est à sa place dans les « assemblées » villageoises, dans les modernes « charibaudes » ; il y jette une note saine, sans prétention : il y introduit le culte de la tradition locale. C'est quelque chose cela, qui a droit à notre sympathie.

Parmi les prosateurs, à côté de *Louis Lumet*, au style puissant et coloré, à côté de *Vincent Detharé*, à côté de *Joseph Ageorges*, dont certains *Contes de mon oncle Paterne* ne manquent ni d'inspiration élevée, ni de tendre émotion, nous trouvons *Pierre de Querlon* et *Jacques des Gachons*.

Le premier, fauché par la mort, il y a quelques années, à 24 ans, a eu le temps cependant de nous laisser quelques œuvres fortes. Il semble que par une intuition secrète, il ait compris qu'il lui fallait se hâter de murir son talent : le temps pressait. L'un de ses romans, *Céline, fille des champs*, révèle une personnalité déjà accusée. Il a senti la vertu rédemptrice de la terre familiale, les mille linéaments qui nous retiennent à elle, la nostalgie qui s'empare des infidèles qui la quittent. Céline s'étiole en ville. A peine a-t-elle repris racine à la ferme paternelle que la sève, remontant du sol, la transforme physiquement et moralement. La gaieté refleurit sur son visage, la santé lui revient, comme par enchantement, elle est sauvée !...

La maison des dames Renoir, l'un des meilleurs romans de *Jacques des Gachons*, est une œuvre saine, où s'épanouit avec aisance un talent abreuvé aux meilleures sources du terroir.

Ce n'est pas seulement une peinture de mœurs provinciales, dans le cadre, désespérément banal et monotone d'Issoudun, c'est une tranche de vie, un effort couronné de succès, un drame palpitant d'émotion et d'intérêt, dont les hautes facultés de l'homme font tous les frais.

C'est en effet l'exaltation de l'une des facultés dont notre époque est le plus dépourvue — la volonté — qui constitue en quelque sorte l'armature moral de ce roman.

La jeune et vigoureuse énergie du Dr Tissier, le héros du récit, qui produit autour d'elle des fruits de bonheur, qui sème le bien à pleines mains, sous la forme virile de l'exemple patiemment donné, n'est que l'instrument d'un cœur infiniment chaud et bon, cherchant à se garder de toutes les banalités ambiantes, de toutes les trahisons qui le guettent, de toutes les tentations qui l'assiègent, au dedans comme au dehors de lui. Et pour qui se garde-t-il ? — Pour son Berry, qu'il n'a jamais cessé de chérir, malgré l'éloignement de sa jeunesse, auquel son instinct le ramène par une fatalité quasi souveraine. — Pour qui encore ? — Pour celle que son pays lui a conservée, afin d'en faire la compagne de sa vie. La conquête de son bonheur n'ira pas toute seule. Les fleurs de terroir, même les plus parfumées — je dirais volontiers surtout celles-là — ne se laissent pas cueillir comme cela. Sous la mousse discrète qui les recouvre, il y a souvent l'épine toute prête à déchirer la main qui les convoite. Qu'importe cela ? Ce sont quand même les plus aimées, les plus éclatantes de fraîcheur, les plus odorantes, car c'est un peu, comprenez-vous, le sol du pays, qui les a façon-

nées, de ce sol qui s'est attaché à nos sandales
d'enfant, et dont les harmonies intimes n'ont jamais
cessé de chanter à notre cœur, des confidences d'une
douceur et d'un charme infinis !

Jacques des Gachons, vous le voyez par ce bref
résumé, est de la bonne école. Son amour du Berry
ne bride en rien son talent ; il lui donne, si j'osais
dire, des ailes.

Nous nous arrêterons peu, sur les provinces, qui
nous restent à voir. La liste du reste des écrivains
modernes nivernais et bourbonnais est peu fournie ;
et nous ne vous présenterons que les plus connus.

A Beaumont-la-Ferrière, habite depuis sa naissance — en 1838 — *Achille Millien*, le plus justement
célèbre des poètes nivernais actuels. Son père le des-
tinait au notariat. Mais, il avait compté sans une
déesse très jalouse, la poésie, qui veillait auprès de
son fils. Elle le conquit si bien, que depuis 1860, date
de son premier recueil de vers « La Moisson », il ne
lui fit pas une infidélité. Aussi, son œuvre poétique
est-elle considérable. Il s'essaie dans tous les genres :
Bucoliques, Ballades, Eglogues, Stances, Rondels ;
et de toutes ces strophes s'envole une impression, ou
morale, ou religieuse, ou patriotique. C'est vous dire
combien est pure la source de son inspiration !

Doué d'un talent souple, bien approprié au riant
pays qu'il habite, Millien est paysagiste avant tout.
La grâce intime de sa contrée l'a pénétré ; il s'en est
imprégné ; elle revit dans ses vers avec tout son
charme limpide et transparent. Et cela a suffi à son
ambition.

Le lyrisme chez lui répugne à tout ce qui serait fougue désordonnée ou enthousiasme trop passionné. Il ne semble point fait pour les grands mouvements de l'âme ; on dirait presque qu'il en a peur. Son œuvre y perd en relief. — C'est une collection charmante de pastels, pris sur le vif de la vie champêtre, une série de dessins locaux qui ne manquent ni d'exactitude, ni d'émotion. Mais il faut le reconnaître, la lecture suivie de ses ouvrages, est un peu monotone, et l'on aimerait que de temps en temps, il rectifiât la note un peu grise et terne de ses tableaux, par quelques couleurs vives et chatoyantes.

Tel qu'il est, il tient à juste titre une place, dans le parnasse provincial, que beaucoup de poètes régionaux voudraient avoir. Sa réputation s'étend bien au-delà du Nivernais. L'Académie l'a consacrée d'un de ses prix. Elle gagne encore tous les jours, par les soins pieux que prend le vieux poète, de recueillir et de publier les anciennes légendes et les vieilles chansons populaires du Nivernais.

Voici de lui un bon morceau intitulé « Notre Terre », qui peint bien sa manière :

Notre Terre

J'aime profondément, comme une aïeule douce,
La bonne terre où je suis né, qui me nourrit,
Qui gardera mon corps, déserté par l'esprit,
En refermant, sur moi, son sein vêtu de mousse.

Je l'aime, en son splendide épanouissement
D'Avril, avec les fleurs, et d'Août, avec les gerbes.
Je l'aime, quand pleurant ses parures superbes,
Il lui faut de l'hiver souffrir le long tourment.

Mon âme communie avec l'âme des choses !
Comme si la nature eut versé son ferment
Dans mon être, je sens unir intimement
. . . .

Ma vie avec sa vie, en ses métamorphoses.
Comme il fait bon, près de l'âtre, dans la chaumière !
Et l'on apporte, sur les tables, les lumières,
Et l'on mange la soupe, en pensant aux défunts,

Aux vieux, qui sont partis en laissant leurs béquilles
— Elles sont là toujours, à la tête du lit —
Aux petits trop vite enlevés, aux jeunes filles
Qui souriaient, en Mai, de leur rire joli.

Et le vent continue et le vent se lamente,
Les arbres dénudés se tordent dans les cours
Et sous le ciel s'étend comme une plainte lente...
... On dirait que quelqu'un... là-bas... crie : « au
[secours ! »

Et les autres, ceux là qui restent, se regardent
En silence, les yeux mouillés vers les tisons,
Et tressaillent, malgré les vieux murs qui les gardent,
Comme si l'on frappait aux portes des maisons...

Louis Boulé, l'auteur de *Maman Claudie*, de *Tourte-
relle*, est aussi l'auteur de « *Ceux de chez nous* » et par
là, il a sa place marquée parmi les écrivains nivernais.

Dans ce recueil de contes, il égrène à nos oreilles
des sons amis, qui sont comme l'écho discret de ce
que disent, de ce que pensent, de ce que sentent surtout tous ceux de chez nous, c'est-à-dire les petits, les
humbles, qui sont par leur perpétuelle communion
au sol comme des productions supérieures de la terre
elle-même.

Avec une délicatesse infinie de touche, une connaissance parfaite de l'ame populaire, simple et nuancée à la fois, il soulève un coin de voile, qui nous cache leur intimité, et nous avons la bonne surprise de trouver, noyées au milieu de vulgarités qui nous choquent, des âmes exquises qui s'ignorent, d'écorce bourrue et piquante, mais dont la pulpe, si je puis dire, est savoureuse et ferme, comme un fruit bien venu, au grand air de nos plaines nivernaises.

Greffé à notre province par l'une de ses extrémités, le Morvan, pittoresque îlot de forêts sombres, au milieu des paysages riants qui l'entourent, devait inspirer certains de ses fils. *Racot* écrit la *Brèche aux Loups. Vallery-Radot*, de son ermitage qui surplombe le Cousin, cisèle pour y enfermer son chagrin, un reliquaire de haut prix ; son cœur s'épanche dans ses vers, goutte à goutte... Au premier rayon de bonheur qui vient sécher ses larmes, il nous donne un roman « *Leur royaume* » où court un frisson de vraie beauté ; c'est un poème encore, mais en prose, de l'amour pur et dévoué, du foyer et de tous les nobles sentiments, qui flottent dans l'atmosphère familiale.

« Dépourvu de lyrisme, mais doué d'un sens d'observation très pénétrant, coloriste éprouvé, *Bachelin*, né à Lormes, en 1877, — dit Van Bever, dans son anthologie — a su animer les paysages de sa petite patrie, jusqu'à leur faire refléter sa violente personnalité. » Ses « *Horizons et Coins du Morvan* » contiennent quelques pièces d'un relief hardi et d'une originalité toute spéciale, où l'on retrouve l'âpre et poignant accent, qui lui est propre.

Encerclé entre le Berry, le Nivernais, l'Auvergne et la Bourgogne, le Bourbonnais est, au point de vue littéraire, la province la moins favorisée de celles que nous avons étudiée aujourd'hui.

A part *Guillaumin* et *Charles Louis Philippe*, aucun autre nom ne mérite de nous retenir.

Tout le monde sait que *Guillaumin*, deux fois conronné par l'Académie française pour ses « *Tableaux champêtres* » et pour sa « *Vie d'un Simple* » est aujourd'hui, en même temps cultivateur et homme de lettres, après avoir été porcher et petit bouvier. Quand il écrit par conséquent les mémoires d'un métayer, c'est un homme de métier qui tient la plume. On s'en doutait à la précision minutieuse qu'il apporte dans ses descriptions des choses de la terre et des travaux de la campagne.

Le ton plein d'aigreur maussade de son récit, la sécheresse un peu méprisante de son style, sa philosophie chargée de scepticisme et de sombre misanthropie font que ses livres sont plutôt durs à lire.

L'auteur, qui certes ne manque pas de talent, dont les peintures sont une fidèle reproduction de la petite vie rurale, chavire trop facilement dans un réalisme exagéré. La monotonie naturellement s'ensuit. Elle devient à la longue fatiguante.

Le pessimisme par ailleurs est mauvais conseiller : il obscurcit la vue d'Emile Guillaumin, qui a du souffrir dans sa jeunesse et qui en a gardé une rancune partiale, contre la classe bourgeoise, au service de laquelle il a travaillé. Inconsciemment peut-être, son jugement s'égare ; il généralise à tort des situations particulières, et sans le vouloir, il sort ainsi des limiles de la copie fidèle qu'il a voulu faire, et à laquelle il paraissait vouloir tout sacrifier.

C'est un reproche analogue que j'adresserai à *Charles-Louis-Philippe*, l'auteur de *Bubu de Montparnasse* et du *Père Perdrix*.

Le premier de ces deux ouvrages ne m'intéresse pas, dans la circonstance. C'est donc du second seul, que j'entends parler.

Le souci d'un réalisme trop terre à terre fausse l'observation de l'auteur. La matière seule est glorifiée dans son récit et il en résulte une lourdeur indigeste, que ne corrige pas l'habileté indiscutable de l'écrivain.

Il pèse, sur tout le roman, la glace d'un scepticisme que suffirait à faire fondre, la moindre pensée de foi et d'espérance. Hélas ! elle n'y est pas. Seul, le cri de la révolte impuissante, de la pauvreté méprisée, résonne comme un glas lugubre... comme si, dans les plaines riantes de notre Bourbonnais, du clocher ailé de nos églises, ne partaient pas chaque matin, les envolées joyeuses d'une espérance infinie !...

Il me semble, Mesdames et Messieurs, avoir parcouru avec vous les différentes provinces et même les différents pays de notre Centre. Et cependant n'en ai-je pas oublié un :

Vous connaissez ce sol, plein d'ombre et de mystère,
Où chante la nature en ses frémissements ;
Un sol marécageux, sauvage, solitaire,
    Planté de bois dormants.

Un pays adorable en sa mélancolie,
Couvert d'ajoncs tremblants, tapis de vieux terroirs
Où des blancs nénuphars la corolle pâlie
    Au ciel sourit, les soirs ;

Or profonds, les étangs sommeillent dans la lande,
Se berçant, les nuits d'or, aux souffles des roseaux,
Sur lesquels on entend passer comme une bande
    De mystiques oiseaux.

Oui, vous l'avez deviné, il s'agit de la Sologne.

Mais, j'ai beau chercher, je ne vois guère que notre jeune compatriote *André Chenal* qui ait été près d'elle, chercher son inspiration, et d'une façon si modeste !...

Chansonnier, il souffle pour les aviver, sur tous les sentiments généreux et sains, qui couvent au sein du peuple. C'est là, le but de sa chanson, vive, gaie, spirituelle, entraînante. Il réveille l'amour de la glèbe, du pays, du foyer, de la vieille foi des ancêtres. C'est comme un peu le *Brioleur* de la Sologne, qui chante pour des attelages qui n'existent que dans son imagination de poète. Pour sûr, il a jadis écouté derrière les haies, la chanson monotone et prenante du bouvier, qui laboure au pas lent de ses bœufs ; il a fréquenté les *assemblées* les plus joyeuses, où le cœur s'effeuille en chansons. Et il a noté des harmonies, qui ont corrigé le sens dépravé de plusieurs.

C'est un poète terrien, comme il en faudrait beaucoup, car sous vingt formes diverses, par le patois, par le comique, par la satire, par les sentiments, il va droit au cœur des paysans, et ce qu'il y dépose, est excellent.

Mesdames et Messieurs, j'ai fini.

Le Centre est riche, vous avais-je dit, au début de cette conférence, en sujets d'inspiration de tous genres. J'ai employé la première partie de cette étude, à vous le prouver.

Les écrivains du Centre — disais-je en outre, — ont de notre temps, utilisé cette richesse, non sans talent, non sans succès. J'espère vous en avoir convaincu, dans la dernière moitié de mon travail.

Ainsi donc, ma tâche est terminée.

Sans doute, parmi les œuvres dont je vous ai entretenu, beaucoup mériteraient le reproche que M. de Mun adressait à M. de Régnier, en le recevant sous la coupole, Il faudrait pour pouvoir les lire toutes être... (comment dirai-je...) un peu capitaine de cuirassiers.

Nos auteurs provinciaux, fascinés par l'observation attentive de la vie rurale, sont portés à ne faire état, souvent par scrupule de métier, que des faits qui leur sautent aux yeux. Tant mieux, si c'est une vertu. Tant pis, si c'est un vice, une tare, une déchéance ! — Très bien. — Mais « l'homme de lettres a-t-il ce droit de dire tout ? — demanderai-je avec l'illustre académicien, dont je citais plus haut les mots. — Dans l'ivresse de son propre travail, peut-il oublier que d'autres viendront s'abreuver à sa coupe ? Peut-il secouer dédaigneusement sur les esprits qu'il a visités, la poussière de son œuvre, comme ferait de sa sandale, sur un seuil inconnu, un hôte de passage ? »

Avec M. de Mun, je ne le crois point, et je tiens à le déclarer hautement

... Ils ont bien une excuse, si cela toutefois en est une !

.... Vous vous souvenez la délicieuse parabole de Jœrgensen.

Une araignée avec amour avait tissé sa toile, belle et grande comme pas une. Les matinées d'octobre, elle se couvrait de rosée, et le soleil en se jouant dès son lever, la faisait étinceler comme une parure de diamants. L'araignée était fière de son œuvre. Un jour, faisant sa visite quotidienne, elle découvre un fil qui lui paraît n'être attaché à rien, tellement il monte droit, dans la direction du ciel, jusqu'aux nuages. — A quoi bon cette inutilité ? pense-t-elle, et d'un coup sec de ses dents, elle le coupe. La toile, n'ayant plus de support, s'effondre lamentablement dans le vide, l'entraînant dans sa chute. Elle n'avait pas reconnu l'utilité du *fil d'en haut* !

La moralité de certains de nos littérateurs provinciaux s'explique par cette parabole. Eux aussi, dans une heure d'inconscience, ont rompu le fil d'en haut, et ils ne se rendent pas compte, que sans lui pour les soutenir, ils errent à l'aventure et à la merci de toutes les séductions plus ou moins permises, qui tentent leur plume.

Le phare qui devait les guider dans la nuit s'étant éteint, il est naturel, sinon excusable, qu'ils côtoient le danger, sans même le soupçonner.

Cette réserve faite, — et il fallait qu'elle le fût — il ne me reste plus, Mesdames et Messieurs, qu'à vous remercier de votre attention bienveillante.

Je suis un peu confus, de vous avoir retenus si

longtemps ; mais je m'en consolerais très vite, si en sortant d'ici, pour aller reprendre vos courses, vos visites ou vos affaires vous emportiez ce sentiment bien net, qu'à côté de la France du bruit, de la gloire et de l'activité fiévreuse que vous habitez ici, et que vous avez raison d'aimer, il est une autre France, non moins digne de votre estime et de votre amour — la France du silence et du labeur patient, celle qui sème et qui vous nourrit, celle qu'ont chanté tous les auteurs que je vous ai fait connaître, celle enfin qui se résume si admirablement dans notre Centre — comme pour témoigner qu'il est bien lui-même le cœur de la patrie !

HENRI BRUN.

Briare (Loiret), le 1ᵉʳ Mars 1912.

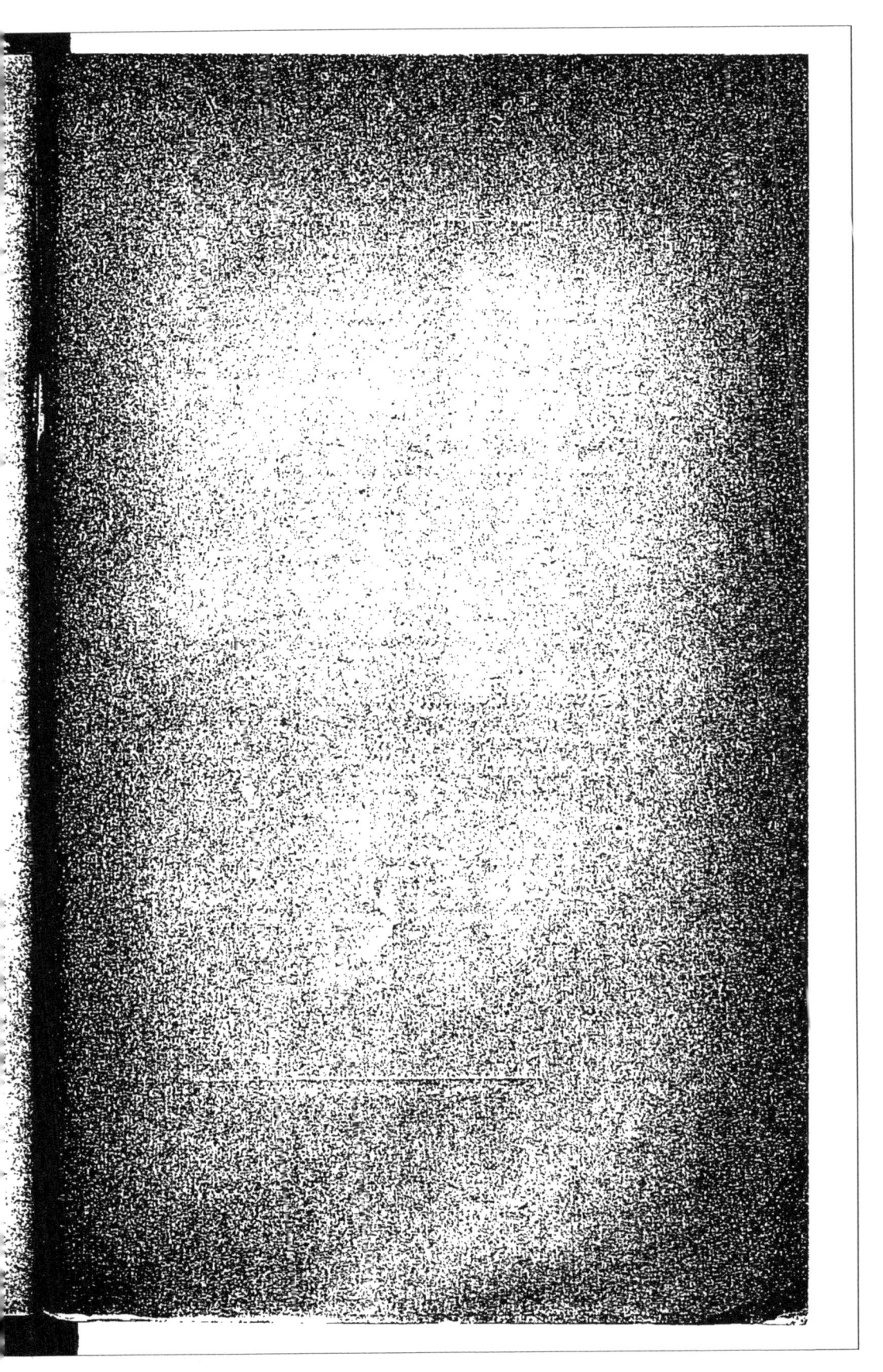

EN VENTE A LA MÊME LIBRAIRIE

HUGUES LAPAIRE : **Au Pays du Berri** (Poésies) . 3 »

— **Vieux Tableaux** (Poésies) . . 3 »

— **Au vent de Galerne** (Poésies). 3 50

— **Le Pays Berrichon**. illustrations de Jean Baffier . . . 1 50

JEAN RAMEAU : **Poésies** . . . .

ACHILLE MILLIEN : **Premières Poésies** (1859-1863), in-8 avec 13 eaux-fortes . . . 10 »

— **Nouvelles Poésies** (1864-1873), in-8 avec 13 eaux-fortes . . . 10 »

— **Aux Champs et au Foyer**. 3 ».

— **Chez nous** . . . . 3 »

— **L'Heure du couvre-feu** . . . 3 »

L. de COURMONT : **Feuilles au Vent**, poésies in-8 avec eaux-fortes, au lieu de 20 fr. . . . . 7 »

GAUTRON DU COUDRAY : **Le Lierre du Thyrse**. poèmes 3 50

RENÉ BAUDIOT : **Idéal Gymnaste**, sonnets . . . . 2 »

J.-B. MARILLAT : **De Paris à Nevers**, par la route, en vers 0 50

— **De Dijon à Nevers**, agréments de la route, en vers . . . . . 1 »

J.-H. GROMOLARD : **Colette Barrier**, Roman Nivernais . . . . 3 »

L. JOLIVET : **Promenade pittoresque aux environs de Nevers**, avec gravures . . 1 50

Nevers. — Typo-Litho « Paris-Centre »

www.ingramcontent.com/pod-product-compliance
Lightning Source LLC
Chambersburg PA
CBHW070949280326
41934CB00009B/2048